Cuisine des ILES

Photo : B. MOULART.

Cuisine des ILES

Bernard MOULART

Michel GODMET

Professeurs de cuisine au Lycée Technique Hôtelier
de Strasbourg-Illkirch.

Photos : S.A.E.P. / J.L. SYREN

EDITIONS **S.A.E.P.** INGERSHEIM 68000 COLMAR

Signification des symboles accompagnant les recettes

Recettes		Recettes	
✕	élémentaire	○	peu coûteuse
✕✕	facile	○○	raisonnable
✕✕✕	difficile	○○○	chère

Ne vous est-il point arrivé de vous arrêter, interrogatif et curieux, devant un étal achalandé de fruits et de légumes venus de pays lointains ? Leur forme parfois bizarre ou sans "beauté" apparente, leur goût, leur nom même vous sont inconnus.

Interrogatif certes, mais aussi empreint aux rêves, devant cette profusion de produits que l'on nomme exotiques et qui éveillent en vous ce côté aventurier des temps modernes, en quête de nouveautés et d'évasion.

Mais voilà, ne sachant comment choisir, préparer ces trésors de la nature, bien souvent évocateurs de soleil, d'îles tropicales au sable chaud, vous hésitez encore à franchir le pas et à les consommer.

Ainsi, avons-nous choisi dans cet ouvrage de proposer une cuisine originale, simple, mêlant produits exotiques disponibles sur nos marchés et techniques culinaires traditionnelles.

C'est en somme, un tour du monde en quelques 100 recettes conçues pour quatre ou huit personnes, qui vous permettra de vous familiariser avec la mangue greffée du Brésil, la carambole et la banane plantain des Antilles, les litchis de Madagascar ou les grenadilles de Colombie.

Ces produits, frais en l'état ou ayant déja subi une transformation tels les confitures, les fruits au sirop ou les jus concentrés, trouveront place sur votre table sous des présentations variées, de quoi épater vos convives lors de vos repas.

1 **ANANAS :** Originaire des régions tropicales d'Amérique. Disponible toute l'année, il est parfait quand les feuilles de son plumet sont vertes et fraîches et que son écorce ne porte pas de taches brunes ou noires. Originaire de l'Ile de la Réunion, l'ananas Victoria est un petit ananas très décoratif dépourvu de cœur dur et à la chair très parfumée.

2 **BANANE ROSE :** Appelées également "bananes figues", les bananes roses peuvent être consommées cuites ou crues dans des salades de fruits. On les trouve toute l'année.

3 **BANANE VERTE (PLANTAIN) :** Se consomme en légume. Difficile à éplucher à cru, il est préférable de la plonger quelques minutes, coupée en tronçons, dans de l'eau bouillante.

4 **CARAMBOLE :** Sur les marchés d'octobre à avril. Les meilleures proviennent de Thaïlande ou des Antilles. Ce fruit à la peau fine et dorée renferme une chair dont la texture rappelle celle de la pomme et du concombre.

5 **CHRISTOPHINE :** Appelée également chayotte ou chouchou. Elle ressemble à nos avocats et se consomme crue (râpée, dégorgée au sel) ou cuite.

6 **COROSSOL :** De la famille des anones, il est importé essentiellement du sud de l'Espagne. Il tourne au brun presque noir à maturité. Débarrassé de ses pépins, il se consomme nature à la cuillère, en boisson ou en crème anglaise.

7 **FRUITS DE LA PASSION :** Son vrai nom est passiflore édulis. Mais sous l'appellation fruits de la passion, il est courant de regrouper les grenadilles et les maracujas. Les meilleures provenances sont le Kenya, l'Espagne, l'Amérique du Sud et les Antilles.

8 **GINGEMBRE :** C'est une racine fraîche aromatique importée d'Afrique et d'Extrême-Orient. On lui prête des vertus aphrodisiaques. A vérifier...

9 **GOMBO :** Très répandu en Afrique, en Inde, au Moyen-Orient, en Malaisie et dans le bassin Méditerranéen. Il se prépare comme les haricots verts. Attention, trop cuit, il devient visqueux et sirupeux.

10 **GOYAVE :** Originaire du Brésil et très répandue dans tous les pays tropicaux. La pulpe est rose, rouge ou blanche selon les espèces et rappelle la chair de la poire. Il en existe près de 100 sortes.

11 **GRENADE :** Sa consommation remonte aux premiers âges de la civilisation. Fruit du péché, elle permit à Pluton de séduire Perséphone. Seuls les pépins ou le jus filtré sont consommés.

4

11

9

10

6

7

12 **IGNAME :** L'Europe découvre l'igname dès le XVIe siècle. C'est un gros tubercule tropical (jusqu'à plusieurs kilos) dont la chair blanche ou rouge s'utilise comme celle des pommes de terre.

13 **KUMQUAT :** Ce fruit de la famille des oranges est importé essentiellement d'Afrique du Nord. On consomme les kumquats avec leur écorce. On peut également les incorporer à des salades de fruits, réaliser des confitures ou les confire.

14 **LIME :** Variété de citron des pays tropicaux. A ne pas confondre avec les petits citrons verts qui sont des citrons ordinaires cueillis avant maturité.

15 **LITCHI OU LYCHEE :** Originaire du sud de la Chine. Sa chair est blanche et très parfumée. Il s'épluche très facilement.

16 **MANGUE :** Il en existe 2 500 variétés dans le monde. Les meilleures sont les mangues greffées. Les mangues vertes avant leur maturité sont consommées en salade. Il est préférable de ne pas consommer les fruits trop mûrs car leur goût prononcé peut rappeler l'essence de térébenthine.

17 **NOIX DE COCO :** La noix de coco que nous connaissons est la noix de coco sèche débarrassée de sa peau.

18 **PAPAYE :** Disponible d'octobre à avril, en provenance de Côte d'Ivoire et du Brésil, la papaye est un fruit originaire du Mexique. A Honolulu, il est courant d'en faire des cures après les fêtes de Noël, pour se remettre des excès alimentaires. A l'extérieur, une peau allant du vert au rouge orangé. A l'intérieur, des graines non comestibles et une chair couleur melon. La papaye se consomme "verte" (avant maturité), ou mûre, mais sans excès.

19 **PATATE DOUCE :** C'est un tubercule farineux et sucré. Son goût et sa saveur se rapprochent de ceux du marron. La patate douce a précédé de plus de 2 siècles nos pommes de terre. Importée des pays tropicaux et d'Espagne, on l'utilise comme les pommes de terre mais la meilleure recette est encore de la laisser cuire seule, au four, dans sa peau.

20 **PIMENT :** Originaire d'Amérique, il appartient à la même famille que les tomates et les aubergines. Il est vendu frais toute l'année.

21 **TAMARILLO :** En provenance de Colombie ou du sud de la France, il a l'allure d'une tomate olivette. Sa saveur est légèrement épicée.

22 **TAMARIN :** Originaire du Sahara méridional et de l'Inde, il se présente sous forme de gousses sèches.

21

18

16

15

20

17

12

Curry indien

Mélange d'épices, réduit en poudre. Se compose de coriandre, de cumin, de curcuma, de gingembre, de piment, de poivre, de graines de moutarde, de cannelle, de cardamome, de Jenu grec, de noix de coco.

Curry antillais (poudre à colombo)

Mélange de riz, de coriandre grillée, de graines de moutarde, d'ail, de piment, de curcuma, de safran, de poivres pilés, colorés dans l'huile et additionnés de romarin.
S'achète dans les épiceries fines.

Vinaigre aux piments confits

Prép. : 20 mn. - Cuis. : 10 mn.
Repos : 15 jours. - Pour 1 l.

1 l. de vinaigre blanc
1 cuil. à potage d'huile
150 g. de petits piments
100 g. d'oignons
Sel.

Retirer la queue des piments et éventuellement les graines, si vous craignez les sensations fortes.

Mettre l'huile à chauffer dans une sauteuse, sans excès. Y faire compoter les oignons et les piments. Saler. Laisser refroidir. Verser les légumes dans un bocal, couvrir de vinaigre et laisser reposer 15 jours.

Vinaigre blanc aux fruits de la passion

Prép. : 5 mn. - Repos : 15 jours.
Pour 1 l.

1 l. de vinaigre blanc
250 g. de pulpe de fruits de la passion.

Dans un bocal, verser le vinaigre blanc, ajouter la pulpe. Fermer hermétiquement. Laisser reposer au moins 15 jours.

Caramboles au vinaigre

Prép. : 15 mn. - Repos : 3 semaines.
6 pers.

250 g. de caramboles
4 dl. de vinaigre blanc
1 clou de girofle
Quelques grains de poivre
1 branche de thym
10 g. de sucre
Sel.

Découper les caramboles en tranches. Les ranger dans un bocal en verre à fermeture hermétique. Ajouter les épices, le thym, le sucre et le sel.

Porter le vinaigre à ébullition et le verser sur les fruits.

Fermer le bocal et attendre 3 semaines avant de les consommer comme des cornichons.

Huile pimentée

Séchage : 2 à 3 jours. - Prép. : 15 mn. - Marinade : 2 mois.
Pour 8 dl.

7,5 dl. d'huile
200 g. de piments mûrs
Thym.

Couper en rondelles les piments en laissant ou non les graines, selon votre convenance. Les laisser sécher à l'air 2 à 3 jours.

Verser dans un bocal avec l'huile et le thym. Fermer et laisser mariner 2 mois.

Lait de coco

Repos : 20 mn. - Prép. : 10 mn. - Cuiss. : 5 mn.
Pour 1/2 l.

5 dl. d'eau chaude
500 g. de noix de coco râpée.

Verser l'eau chaude sur la noix de coco. Laisser reposer 20 minutes, puis passer dans un chinois en pressant fortement pour en extraire tout le jus.

Si le lait de coco est destiné à la préparation de desserts, remplacer l'eau par du lait.

La chair de coco pourra éventuellement servir à la confection de congolais.

"Mayonnaise" d'avocat au poivre vert

Prép. : 10 mn. - Cuiss. : 10 mn.
6 pers.

1 avocat mûr
1 gousse d'ail hachée très fin
1 cuil. à café de ciboulette
Le jus d'1 lime (ou d'1 citron vert)
1 cuil. à café de poivre vert
2 dl. d'huile (variable)
Sel.

Ecraser l'avocat, arroser de jus de lime jusqu'à consistance d'une pommade. Incorporer l'huile en filet comme pour une mayonnaise. Ajouter la ciboulette, l'ail, le poivre et le sel.

En accompagnement de poissons, de viandes froides.

Sauce "flamboyants"

Prép. : 10 mn. - Cuiss. : 10 mn.
6 pers.

2 gros poivrons rouges
50 g. d'oignon haché
2 cuil. à potage d'huile
1 gousse d'ail
1 petit piment
2 dl. de bouillon de volaille
Sel et poivre de Cayenne.

Plonger les poivrons dans l'huile chaude d'une friture, jusqu'au moment où la peau commence à "friser". Retirer les poivrons, les peler et enlever les graines. Les couper en morceaux. Dans une casserole, rassembler l'oignon, la gousse d'ail et l'huile. Laisser "suer" sans coloration quelques minutes. Verser le bouillon. Assaisonner. Couvrir et laisser cuire à petit feu. Passer ensuite au mixer. Chaude, elle accompagnera une viande rouge grillée.

Se sert froide ou chaude.

Sauce "piquante" des Arawats

Prép. : 10 mn. - Cuiss. : 10 mn.
6 pers.

20 g. d'échalote
50 g. d'oignon
1 petit piment
1 cuil. à café de persil
4 cuil. à potage d'huile
1 cuil. à potage de vinaigre blanc
Le jus d'1 citron vert
Sel, poivre de Cayenne.

Hacher l'oignon, l'échalote, le persil et le piment. Mélanger ce hachis avec l'huile, le vinaigre et le jus de citron. Saler et poivrer.

Vos convives, à la recherche d'une émotion gourmande, seront ravis et étonnés de découvrir les boissons à base de rhum agricole qui accompagnent les chaleureux amuse-bouches créoles.

Les punchs

Préparés à partir des rhums puissants et fruités des Antilles. Les punchs reçoivent en macération la chair odorante de certains fruits exotiques.

Ti-punch antillais

Mettre dans un verre un morceau de citron vert, ajouter le rhum blanc. Sucrer selon son goût avec du sirop de canne. Bien mélanger en pressant le citron. Cette boisson peut être glacée ou non.

Le Planteur

Mélanger en parties égales des jus de fruits exotiques (goyave, ananas, orange, fruits de la passion...) Ajouter un peu de muscade et de cannelle râpée. Compléter avec du rhum blanc.

Le punch coco

Mélanger en parties égales du jus d'ananas et du rhum blanc. Ajouter de la crème de coco vendue dans les épiceries spécialisées, une pointe de muscade, une gousse de vanille. Sucrer éventuellement avec du lait concentré, ce qui donnera également une certaine onctuosité à la boisson. Servir très frais et mélanger avant de verser.

Le punch aux fruits

Mettre en macération, dans 1/2 l. de rhum blanc, 200 g. de litchis épluchés et débarrassés de leurs noyaux et 200 g. de pulpe de fruits de la passion. Sucrer selon le goût avec du sirop de canne. Laisser reposer 15 jours avant la consommation.

Les amuse-bouches

Chips de banane verte

2 bananes vertes (plantain)
Sel
Huile pour friture.

A l'aide d'un couteau tranchant, couper les bananes en 3 ou 4 tronçons, puis enlever la peau épaisse. Couper chaque morceau en fines lamelles de 2 mm environ. Plonger les rondelles de banane dans l'huile chaude. Les dorer à la friture. Saler. Servir chaud ou froid.

" Souskaï " de mangues vertes

Le "souskaï" est la façon antillaise d'assaisonner les fruits verts que l'on offre à l'apéritif.

2 mangues de 250 g. plutôt vertes
Le jus de 3 limes
1 petit piment haché
1 gousse d'ail épluchée.

Peler et couper en cubes les 2 mangues. Ecraser la gousse d'ail. Rassembler tous les éléments dans un saladier, assaisonner et laisser mariner 1 heure au frais. Servir avec des piques en bois.

" Souskaï " de noix de coco

200 g. de coco sec coupé en lamelles
Le jus de 3 limes (ou de 3 citrons verts)
1 petite gousse d'ail
1 petit piment
1 pincée de sel.

Mélanger la chair de coco avec la gousse d'ail coupée en deux, le jus de citron, le piment entier et le sel. Laisser macérer au frais 2 heures puis servir dans le jus de macération après avoir retiré le piment.

Les acras

Préparations traditionnelles de la cuisine créole. Genre de petits beignets, à servir chauds à l'apéritif, en guise d'amuse-bouches, accompagnés d'un excellent planteur.

Pâte à acras

Prép. : 15 mn. - Repos : 2 h.
Pour 500 g. de pâte.

250 g. de farine
2 œufs
1 dl. de lait environ = 10cl
20 g. de ciboulette
20 g. de persil
30 g. d'oignon
1 gousse d'ail
1 petit piment
Quelques feuilles de thym
Sel fin
Levure chimique (facultatif).

Hacher très finement l'oignon, le persil, la ciboulette, l'ail, le piment et le thym.

Mélanger progressivement la farine, le sel, les œufs et le lait afin d'obtenir une pâte molle homogène. Ajouter le hachis d'aromates et la levure chimique. Couvrir et laisser reposer au moins 2 heures au frais.

Acras de morue

Prép. : 20 mn. - Cuiss. : 10 mn.
4 pers.

250 g. de morue
500 g. de pâte à acras.

Effeuiller la chair d'un morceau de morue dessalé et cuit à l'eau en prenant soin d'enlever les arêtes et la peau. Emietter finement les chairs. Incorporer la pâte à acras.

Déposer dans l'huile de friture chaude, avec une cuillère, des petits tas de cette préparation. Quand ils sont bien dorés, les égoutter sur du papier absorbant.

Acras de crevettes

Prép. : 20 mn. - Cuiss. : 10 mn.
4 pers.

150 g. de queues de crevettes roses.
500 g. de pâte à acras.

Hacher grossièrement les crevettes, les mélanger à la pâte à acras. Frire en grande friture.

Acras de cœurs de palmier

Prép. : 20 mn. - Cuis. : 10 mn.
4 pers.

---

200 g. de cœurs de palmier
1 cuil. de jus de citron vert
500 g. de pâte à acras
Sel, poivre
Noix de muscade.

Découper les cœurs de palmier en petits dés. Les assaisonner de jus de citron, de sel, de poivre et de muscade.

Laisser mariner. Egoutter et mélanger à la pâte à acras. Frire en grande friture.

Crème d'avocats au jus de pamplemousse

Prép. : 30 mn.
4 pers.

3 avocats mûrs à point
Le jus d'1/2 citron vert
Le jus d'1 pamplemousse
3/4 l. de bouillon de volaille
1 dl. de crème fouettée
Noix de muscade, sel et poivre.

Eplucher les avocats. Retirer le noyau. Citronner. Mixer la chair des avocats avec le jus de pamplemousse, la crème fouettée et le fond de volaille. Assaisonner de noix de muscade, de sel et de poivre.

Servir très frais.

Peut être accompagné d'oignon cru finement haché, de dés de tomate et de pamplemousse.

Soupe de cochon à l'igname

Prép. : 30 mn. - Cuis. : 50 mn.
4 pers.

500 g. d'igname
200 g. de lard salé
120 g. d'oignon haché
3 tomates
3 gousses d'ail hachées
1 cuil. à soupe d'huile
80 g. de poivron rouge en petits dés
Sel, poivre de Cayenne
Thym, laurier
4 feuilles de sauge ou de basilic
1 l. de bouillon de volaille.

Eplucher l'igname. Couper la chair en gros morceaux. Les cuire 10 minutes dans de l'eau salée.

Blanchir le lard puis le découper en petits cubes.

Monder et épépiner les tomates, découper la chair en petits dés.

Faire chauffer l'huile dans une marmite. Y jeter le poivron, l'oignon, le lard, l'ail puis les tomates. Assaisonner. Couvrir et laisser cuire 5 à 10 minutes.

Ajouter les morceaux d'igname, les feuilles de sauge ou de basilic et le bouquet garni. Verser 1 litre de bouillon de volaille.

Poursuivre la cuisson 35 minutes pour que les morceaux d'igname tombent en purée.

Ce potage peut être servi soit très épais, soit plus liquide, passé ou non. Ajouter le liquide en fonction du résultat souhaité.

Soupe de gombos aux crevettes

Prép. : 15 mn. - Cuiss. : 30 mn.
4 pers.

500 g. de gombos
1 cuil. à soupe d'huile
50 g. d'oignon haché
1 gousse d'ail hachée
1 petite branche de céleri
150 g. de chair de tomate en cubes
100 g. de crevettes grises décortiquées
1 l. de bouillon de bœuf
50 g. de riz étuvé
Sel et poivre
1 petit citron vert
1 bouquet garni.

Couper le pédoncule et l'extrémité pointue des gombos. Les tailler en rondelles. Tronçonner finement le céleri.

Dans une grande casserole, mettre l'huile à chauffer, y faire "fondre" l'oignon, le céleri, les gombos et l'ail. Ajouter la tomate, le bouquet garni, puis le bouillon. Assaisonner de sel et de poivre. Verser le riz et laisser cuire à couvert à petit feu.

Quelques minutes avant de servir, ajouter les crevettes et le jus du citron. Laisser "infuser" hors du feu.

Soupe de gombos au lard

Prép. : 30 mn. - Cuis. : 40 mn.
4 pers.

250 g. de petits gombos	*50 g. de beurre*
200 g. d'épinards	*Sel, poivre noir moulu*
80 g. d'oignon	*Piment*
125 g. de poitrine de porc salée	*1,5 à 2 l. de bouillon de volaille.*

Equeuter et laver les épinards. Les couper en fines lanières. Couper les extrémités des gombos, les couper en rondelles. Découper la poitrine en petits lardons réguliers.

Dans une grande casserole, mettre le beurre à fondre. Ajouter les lardons, les laisser cuire sans coloration quelques minutes. Ajouter tous les légumes. Verser le bouillon (le bouillon peut être remplacé par de l'eau et des cubes d'extrait de viande, de volaille ou de bœuf).

Assaisonner et laisser cuire doucement à découvert 30 minutes.

Suggestions : *Ce potage peut être servi tel quel ou passé. Pour obtenir un potage plus épais, ajouter 50 g. de riz avec le bouillon.*

Compote de lapereau à la mangue

Marinade : 24 h. - Prép. : 40 mn. - Cuiss. : 2 h. (env.)
4 pers.

1 jeune lapin
200 g. de chair de mangue mûre
1 cuil. à potage de persil
1 cuil. à potage de ciboulette
30 g. d'échalote finement hachée
1 dl. de vin blanc sec
Sel, poivre et muscade
5 dl. de bouillon de volaille
1 cuil. à potage de rhum blanc
4 feuilles de gélatine.

Découper le lapin. Enlever la chair des cuisses et du râble, puis la couper en morceaux réguliers. Mettre la viande en marinade 24 heures avec le vin blanc, les herbes, l'échalote, le sel, le poivre et les épices. Réserver au frais.

Le lendemain, couper la mangue en lamelles très fines. Disposer la viande et les morceaux de mangue dans une terrine en terre. Ajouter la marinade, le bouillon de volaille et le rhum blanc. Couvrir et cuire au bain-marie à four doux (180°C) pendant 2 heures. En fin de cuisson, ajouter les 4 feuilles de gélatine préalablement ramollies dans de l'eau froide. Laisser refroidir.

Servir cette compote sur un lit de salade. Décorer de lamelles de mangue crues et de ciboulette.

Gombos à la martiniquaise

Prép. : 20 mn. - Cuiss. : 5 mn.
4 pers.

500 g. de petits gombos
1 petite branche de thym
30 g. d'oignon haché
2 gousses d'ail
Le jus d'1 citron vert
1 petit piment haché
Sel, poivre
1 cuil. de persil haché
2 cuil. d'huile.

Supprimer le pédoncule des gombos sans entamer la chair et l'extrémité des pointes souvent sèches. Cuire 5 minutes à l'eau bouillante salée avec le thym, une gousse d'ail et le jus d'1/2 citron. Les garder légèrement "croquants", car trop cuits, ils deviennent visqueux. Les égoutter et les servir tièdes, arrosés de vinaigrette préparée comme suit :

mélanger ensemble l'huile, le jus de citron restant, l'oignon haché, 1 gousse d'ail écrasée, le piment haché, le sel, le poivre et le persil haché.

Marinade de lisettes au jus de grenade

Marinade : 4 h. - Prép. : 20 mn. - Cuiss. : 10 mn.
4 pers.

8 petits maquereaux étêtés ou 12 filets
30 g. d'échalote hachée
80 g. d'oignon
2 grenades mûres
5 cl. de vinaigre blanc
5 cl. de vin blanc
Thym, laurier
1 clou de girofle
1 cuil. à café de persil haché
1/2 cuil. à café de sel fin
Poivre moulu.

Faire macérer les poissons au sel pendant 4 heures, puis les essuyer délicatement. Emincer finement l'oignon en anneaux. Tapisser le fond d'un plat creux d'échalote et d'oignon. Y placer les poissons sans les faire se chevaucher.

Ouvrir les grenades, retirer les graines et le jus. Les passer au tamis pour n'en extraire que le jus.

Verser sur les poissons le vin blanc, le vinaigre et le jus de grenade. Ajouter le thym, le laurier et le clou de girofle. Poivrer. Cuire à four doux 10 minutes et laisser refroidir les poissons dans la cuisson. Servir bien frais, saupoudré de persil haché et accompagné de patates douces en salade (p. 32).

Poisson mariné au jus de lime et lait de coco

Prép. : 20 mn. - Marinade : 5 h.
4 pers.

400 g. de filets de dorade
Le jus de 5 limes (ou de 5 citrons verts)
1 petit morceau de gingembre
1,5 dl. de lait de coco corsé
Quelques feuilles d'aneth ou de coriandre fraîche.

Couper les filets de poisson en fines lamelles. Les disposer dans un plat creux et les arroser du jus des limes. Saler, ajouter le gingembre épluché. Couvrir le plat d'un film plastique et laisser reposer 5 heures au réfrigérateur. Une heure avant de servir, égoutter les morceaux de poisson, les ranger dans un autre plat, puis verser le lait de coco. Remettre au frais.

Sortir le poisson de sa marinade. Le dresser dans un ravier et décorer avec les herbes fraîches. Accompagner ce plat de rougail de papaye ou de taboulé.

Rougail "chouchou"

✕ ○

Prép. : 15 mn. - Cuiss. : 30 mn.
4 pers.

---

500 g. de chayottes
60 g. d'oignon haché
Le jus d'1 citron vert
5 cl. d'huile d'arachide
1 gousse d'ail écrasée
Sel
1 bouquet garni (thym, laurier, queue de persil)
1 petit piment (facultatif)
1 cuil. de vinaigre
Persil.

Eplucher les chayottes. Les ouvrir en deux afin d'en retirer le cœur, puis les couper en cubes de 2 cm de côté.

Mettre à suer l'oignon haché dans l'huile. Ajouter le bouquet garni, l'ail écrasé, le piment, le jus de citron et les morceaux de chayottes. Saler. Mouiller avec 1 dl. d'eau ou de bouillon (en rajouter si nécessaire durant la cuisson si l'évaporation est trop rapide). Cuire à couvert à petit feu, les morceaux de chayotte devant rester légèrement fermes sous la pression des doigts.

Les dresser dans un ravier. Réduire le fond de cuisson. Le verser sur les chayottes. Réserver au frais. Au moment de servir, arroser les cubes de légumes de vinaigre, mélanger, décorer de persil.

Rougail de mangues vertes

Prép. : 15 mn. - Repos : 1 h.
4 pers.

---

3 mangues fermes
1 oignon
Le jus d'1/2 citron vert
2 cuil. à soupe d'huile
1 pincée de thym frais
Sel et poivre
1 cuil. à café de persil simple ciselé
1 œuf cuit dur haché.

Eplucher les mangues et l'oignon. Retirer les "joues" de chaque mangue en évitant le noyau plat. Râper finement les morceaux de mangue ainsi que l'oignon. Saler et poivrer. Ajouter le thym.

Verser le jus de citron. Mélanger et laisser reposer une heure au frais.

Egoutter cette préparation. Dans le ravier de service, ajouter l'huile puis décorer de persil simple et d'œuf dur haché.

Accompagne une viande grillée ou un plat épicé de viande.

Salade "Alizée"

Prép. : 30 mn.
4 pers.

8 feuilles de cœur de laitue, 8 petites branches de frisée, 8 feuilles de chêne, 8 feuilles de salade rouge bien lavées et égouttées
1 pamplemousse rosé
1 avocat pas trop mûr
1 citron vert
1 cuil. à soupe de ciboulette
Quelques lamelles de noix de coco
3 cuil. de mayonnaise
1 cuil. d'huile d'arachide
Sel et poivre du moulin.

Peler le pamplemousse à vif. Eplucher l'avocat, enlever le noyau et couper la chair en lamelles régulières. Les citronner pour éviter qu'elles ne brunissent.

Assaisonner les feuilles de salade avec le sel, le poivre, l'huile et le jus de citron. Mélanger.

Dresser en dôme sur 4 assiettes. Déposer les quartiers de pamplemousse et d'avocat. Détendre la mayonnaise avec le jus de pamplemousse et napper les morceaux d'avocat. Décorer avec la ciboulette et les lamelles de coco.

Salade bananier au crabe

Prép. : 20 mn. - Cuiss. : 20 mn.
4 pers.

120 g. de chair de crabe
2 bananes vertes (plantain)
1 avocat
Le jus de 2 limes (ou de 2 citrons verts)
2 tomates
8 feuilles de laitue bien vertes
1 petit oignon haché fin
2 cuil. à soupe de mayonnaise
Sel et poivre de Cayenne
Quelques gouttes de tabasco
Ciboulette.

Couper les 2 extrémités des bananes, inciser la peau sur toute la longueur et les jeter dans de l'eau bouillante salée. Eplucher l'avocat, puis le couper en petits cubes. Les citronner. Rafraîchir les bananes dès la cuisson terminée. Eplucher les bananes refroidies et procéder comme pour l'avocat.

Dans un saladier, mélanger les dés d'avocat et de banane avec la mayonnaise. Ajouter le tabasco, le poivre de Cayenne, l'oignon haché. Saler.

Garnir le fond de 4 assiettes des feuilles de laitue. Déposer au centre l'avocat et les bananes. Répartir la chair de crabe.

Décorer de quartiers de tomate et de ciboulette.

Salade de patates douces

Prép. : 20 mn. - Cuiss. : 30 mn.
4 pers.

600 g. de patates douces
100 g. d'oignon haché finement
1 dl. d'huile
10 g. de curry
Le jus de 2 citrons verts
1 gousse d'ail écrasée
Sel et poivre
Persil haché ou ciboulette.

Laver les patates douces. Les cuire à l'eau bouillante salée. Les éplucher et les laisser refroidir.

Dans un peu d'huile chaude, faire suer l'oignon. Ajouter le curry et l'ail écrasé. Hors du feu, quand l'oignon est refroidi, verser le restant de l'huile et le jus de citron. Saler et poivrer. Emulsionner cette vinaigrette.

Couper les patates en cubes et les mélanger à la vinaigrette. Parsemer de persil ou de ciboulette hachée.

Salade tiède de patates douces

Prép. : 15 mn. - Cuiss. : 15 mn.
4 pers.

---

600 g. de patates douces
Le jus d'1 lime (ou d'1 citron vert)
1 dl. d'huile
1 cuil. à café de ciboulette hachée
1 cuil. à café de persil haché
80 g. d'oignon haché
1 gousse d'ail écrasée
Sel et poivre.

Bien laver les patates douces. Les cuire à l'eau bouillante salée. Les éplucher, puis les couper en gros dés.

Mélanger ensemble le jus de citron, l'huile, la ciboulette, le persil, l'ail, l'oignon, le poivre et le sel.

Servir les patates arrosées de cette "vinaigrette".

Accompagne par exemple un colombo de viande.

Salade de papaye verte

Macération : 1 h. - Prép. : 20 mn.
4 pers.

1 papaye de 300 g. environ
1 gousse d'ail
Le jus d'1/2 citron vert
2 cuil. d'huile
1 cuil. à café de basilic haché grossièrement
Sel, poivre
Quelques gouttes de vinaigre.

Eplucher la papaye. L'ouvrir et retirer les graines. La râper dans un saladier. Couvrir d'eau froide légèrement vinaigrée et salée. Laisser macérer au frais pendant 1 heure.

Egoutter la papaye, l'éponger un peu. L'assaisonner avec le jus de citron vert, l'huile, l'ail écrasé et le basilic. Saler et poivrer.

Accompagne les plats en sauce épicés.

Salade de poisson blanc aux épices à colombo

Prép. : 20 mn. - Cuis. : 6 à 8 mn.
4 pers.

100 g. de petites feuilles tendres d'épinard crues équeutées et lavées
400 g. de lotte sans peau ni arête
1 petit poivron rouge
Le jus d'1 lime (ou d'1 citron vert)
3 cuil. à soupe d'huile
1 cuil. à café de curry antillais (p. 10)
Sel, poivre du moulin
Feuilles de persil plat.

Tailler la chair du poivron en fine julienne.

Réaliser la vinaigrette en mélangeant l'huile et le jus de citron. Assaisonner de sel et de poivre du moulin.

Découper la lotte en gros cubes. Les ranger dans un plat allant au four. Saupoudrer de curry. Ajouter le poivron et arroser le tout avec une partie de la vinaigrette. Cuire à four chaud 6 à 8 minutes.

Dans un saladier, mélanger les feuilles d'épinard avec la vinaigrette restante.

Sur 4 assiettes, dresser en dôme la salade, puis répartir le poisson et le poivron. Arroser avec la vinaigrette de cuisson. Décorer avec le persil.

Colombo de gambas et de patates douces

Prép. : 20 mn. - Cuiss. : 30 mn.
4 pers.

---

16 queues de gambas décortiquées
1 clou de girofle
Le jus d'1 citron vert
2 gousses d'ail écrasées
150 g. de lard salé
600 g. de patates douces
5 cl. d'huile d'arachide
100 g. d'oignon émincé
3 dl. de bouillon de volaille
1 cuil. de poudre à colombo (curry antillais) (p. 10)
1 cuil. de persil et de ciboulette hachés
1 bouquet garni
Sel.

Mettre à mariner les queues de gambas décortiquées dans le jus de citron, avec le clou de girofle et une partie de l'ail.

Eplucher les patates douces, les couper en morceaux. Blanchir le lard et le détailler en bâtonnets.

Dans l'huile chaude, faire rissoler les lardons, l'oignon et les patates douces. Ajouter le bouillon de volaille, le bouquet garni, le reste de l'ail et la poudre à colombo. Saler. Laisser mijoter lentement en surveillant la cuisson des patates douces. Dès que les patates douces sont cuites (la chair n'offre plus de résistance), faire sauter rapidement les queues de gambas à l'huile. Dresser les patates douces dans le plat de service, répartir les gambas, arroser l'ensemble avec la marinade. Parsemer de persil et de ciboulette.

REMARQUE

La patate douce, originaire d'Amérique du sud, se prépare comme la pomme de terre. Cependant, son goût est légèrement sucré. La peau peut être rouge, grise ou violette alors que la chair est jaune, violette ou rose. On la choisira lisse, bien ferme et sans aucune odeur.

Court-bouillon à la créole

Prép. : 20 mn. - Cuiss. : 15 mn.
Marinade : 30 mn. - 4 pers.

500 g. de poissons vidés et nettoyés (rascasse, grondin, rouget)
Le jus de 2 citrons verts
1 petit piment
1 gousse d'ail écrasée
5 cl. d'huile
2 cuil. à café de ciboulette hachée
3 tomates mondées et épépinées
Brindilles de thym, une pointe de safran
1 cuil. à café de persil à feuilles simples
Farine
Sel, poivre de Cayenne.

Découper les poissons en tronçons. Les mettre à mariner 30 minutes dans le jus de citron, avec l'ail, le piment et le thym.

Hacher grossièrement la chair des tomates.

Faire revenir délicatement dans l'huile chaude les morceaux de poisson préalablement farinés.

Ajouter les tomates et la ciboulette. Assaisonner : sel, poivre et safran. Verser 2 dl. d'eau chaude. Couvrir et laisser cuire 10 minutes.

En fin de cuisson, retirer les morceaux de poisson. Les dresser dans un plat creux. Porter le fond de cuisson à ébullition. Ajouter la marinade. Vérifier l'assaisonnement. Verser le tout sur les poissons. Saupoudrer de persil.

Servir ce plat accompagné de riz, de patates douces ou de bananes vertes cuites à l'eau.

"Daube" de thon aux bananes légumes

Prép. : 20 mn. - Cuis. : 25 mn.
4 pers.

1 kg. de thon rouge
50 g. de farine
1 dl. d'huile
80 g. d'oignons nouveaux hachés
150 g. de lard salé découpé en petits bâtonnets
4 tomates pelées et épépinées
2 gousses d'ail écrasées
1 petit piment
4 bananes vertes (plantain)
1 grosse pincée de 4 épices
1 bouquet garni
Le jus d'1 citron.

Nettoyer (enlever la peau et l'arête) puis laver et essuyer le morceau de thon. Le découper en gros cubes. Les fariner et les colorer dans l'huile très chaude. Réserver.

Dans un récipient assez large, mettre les oignons et le lard à colorer, ajouter la chair des tomates, le piment, les épices, l'ail écrasé et le bouquet garni. Couvrir et laisser mijoter à petit feu quelques minutes.

Couper les bananes en tronçons de 3 cm. Les cuire à l'eau bouillante pendant 5 minutes. Les égoutter puis leur enlever la peau.

Quand les tomates sont réduites en purée, ajouter les bananes et le poisson. Saler. Terminer la cuisson à l'étouffée 10 minutes. Verser un peu d'eau si nécessaire.

Arroser du jus de citron au moment de servir.

Fricassée de calamars aux épices

✕ ○

Prép. : 50 mn. - Cuis. : 20 mn.
Marinade : 1 h. - 4 pers.

1 kg. de calamars (petites pièces)
2 citrons verts
3 tomates
1 petite botte d'oignons nouveaux
2 gousses d'ail
1 petit piment
5 cl. d'huile d'olive
1 clou de girofle
1 pincée de 4 épices
Thym, laurier
Sel fin
Persil et ciboulette hachés.

Séparer les calamars en deux parties en tirant sur la tête. Pour le corps, retirer le plumet cartilagineux ainsi que la peau. Quant à la tête, ôter la partie dure et ne garder que les tentacules. Bien nettoyer les morceaux puis les découper en rondelles.

Mettre les calamars en marinade avec les épices, le sel, le piment, l'ail, le thym et le laurier. Verser la moitié du jus des citrons. Placer au frais pendant 1 heure.

Monder, épépiner et couper les tomates en dés. Eplucher les petits oignons en gardant quelques fanes bien vertes. Les émincer finement.

Jeter les oignons dans l'huile chaude, ainsi que les tomates. Laisser cuire quelques minutes. Verser les calamars et la marinade. Couvrir et laisser mijoter 15 à 20 minutes. Rectifier l'assaisonnement. Dresser et arroser du reste de jus de citron.

Parsemer la fricassée de persil et de ciboulette hachés.

Accompagner ce plat d'ignames et de patates douces ou de riz créole.

Tranches de lotte aux "aromates" ✕✕ ○○○

Prép. : 15 mn. - Cuiss. : 10 mn.
4 pers.

---

4 tranches de lotte de 180 g. avec l'arête centrale
20 g. de curcuma
50 g.de moutarde à l'ancienne
Sel, poivre
5 cl. d'huile d'arachide
80 g. d'oignon haché
3 cuil. à potage de vinaigre
2 cuil. à potage de ketchup
3 cuil. à potage de sauce soja
5 cl. de bouillon de volaille
50 g. de beurre
Quelques feuilles de coriandre fraîches ou de basilic.

Assaisonner très légèrement de poivre et de sel les tranches de lotte. Les tartiner de moutarde puis les saupoudrer de curcuma. Dans une poêle, mettre l'huile à chauffer. Rissoler rapidement les tranches de poisson. Les retirer de la poêle et les réserver au chaud. Faire suer les oignons dans le récipient de cuisson.

Verser ensuite le vinaigre, la sauce de soja, le ketchup et le bouillon de volaille. Porter à ébullition. Vérifier l'assaisonnement. Hors du feu, ajouter le beurre en fouettant.

Dresser les tranches de lotte sur les assiettes. Napper de sauce et saupoudrer de coriandre fraîche ou de basilic grossièrement hachés.

Servir ce plat avec un rizotto aux poivrons et à la mangue (p. 65).

Aiguillettes de canard aux mangues

Prép. : 15 mn. - Cuiss. : 15 mn.
4 pers.

2 magrets de 300 g.
50 g. de beurre
40 g. de sucre de canne
5 cl. de vinaigre blanc
5 cl. de jus d'orange
1 dl. de bouillon de volaille
5 cl. de crème fraîche
1 mangue mûre
Sel et poivre de Cayenne.

Eplucher la mangue. Prélever quelques lamelles pour la présentation et couper le reste en petits dés.

Mettre le beurre à chauffer dans une sauteuse. Y colorer les magrets, puis les laisser cuire 8 à 10 minutes selon leur grosseur. Les assaisonner de sel et de poivre.

Rassembler dans une petite casserole le sucre et le vinaigre, laisser réduire jusqu'au moment où ils forment un caramel blond. Dès la caramélisation, ajouter le jus d'orange, la crème et le bouillon de volaille. Porter à ébullition. Ajouter les dés de mangue. Cuire à petit feu 5 minutes.

Mixer la sauce et la passer au chinois.

Découper les magrets en fines aiguillettes. Napper le fond des assiettes de sauce, puis y placer les morceaux de canard. Décorer avec les lamelles de mangue.

Escalope de dinde à la crème de banane

Prép. : 20 mn. - Cuis. : 20 mn.
4 pers.

4 escalopes de dinde
5 g. de curry
50 g. de beurre
5 cl. de bouillon de volaille
2 dl. de crème fraîche
80 g. de tomate mondée et épépinée coupée en petits dés
1/2 banane bien mûre
1 cuil. à potage de coco râpé
Sel, poivre moulu.

Assaisonner les escalopes de sel, de poivre et de curry.

Dans une grande poêle, mettre le beurre à chauffer et cuire les escalopes qui doivent être colorées. Les retirer. Dégraisser si nécessaire.

Verser le bouillon et décoller les sucs caramélisés au fond du récipient. Ajouter les dés de tomate. Porter à ébullition. Verser la crème fraîche et le coco râpé. Ecraser la banane et l'ajouter à la sauce.

Laisser réduire afin d'obtenir une sauce sirupeuse. Vérifier l'assaisonnement.

Dresser les escalopes sur un plat et napper de sauce.

Servir ce plat accompagné d'une igname "dans sa peau" (recette p. 66).

Brochettes de volaille à l'ananas

Prép. : 30 mn. - Cuiss. : 10 à 15 mn.
Marinade : 2 à 3 h. - 4 pers.

700 g. de blanc de volaille
1 petit ananas peu sucré
2 oignons
Le zeste d'1 citron vert
5 cl. d'huile
Brindilles de thym
Sel, poivre de Cayenne
1/2 cuil. à café de 4 épices.

Découper les blancs de volaille en cubes. Eplucher l'ananas et le tailler en gros dés de la même grosseur que ceux de la viande.

Mettre à mariner tous ces éléments ensemble, avec les épices, le thym, le zeste de citron vert et l'huile. Réserver au frais 2 à 3 heures.

Blanchir les oignons 5 minutes à l'eau bouillante salée. Les égoutter et les sécher. Les couper en 4 ou plus selon leur grosseur. Enfiler sur des brochettes (2 par personne), la viande, l'ananas et l'oignon en les alternant. Cuire sur le gril ou éventuellement au four en les assaisonnant de sel et de poivre.

Servir les brochettes accompagnées d'une salade verte et d'une sauce piquante (p. 13).

Fricassée de volaille aux épices

Prép. : 30 mn. - Cuiss. : 40 mn.
4 pers.

1 poulet de 1,300 kg.
100 g. d'oignon
100 g. de jambon en dés
1 pomme reinette
40 g. de beurre
1 bouquet garni
1 pincée de cardamome
1 pincée de cannelle
1 pincée de macis ou de muscade
1 gousse d'ail écrasée
Sel
10 g. de safran
150 g. de chair de tomates pelée et épépinée
4 dl. de lait de coco
1 dl. de crème fraîche
Le jus d'1/2 citron vert.

Découper la volaille en 8 morceaux. Dans une cocotte, mettre le beurre à chauffer. Y colorer les morceaux de poulet. Ajouter l'oignon, le jambon puis la pomme reinette épluchée et coupée en petits dés. Saupoudrer de cardamome, de cannelle et de macis. Ajouter le safran, l'ail écrasé, les tomates concassées et le sel. Mouiller de lait de coco, ajouter le bouquet garni et cuire 40 minutes à couvert, à petit feu.

Quand la volaille est cuite, verser 1 dl. de crème fraîche et le jus du 1/2 citron.

Ce plat peut être accompagné de riz créole ou de patates douces cuites au four.

"Poulet bananes" (Ile de la Réunion)

Prép. : 20 mn. - Cuiss. : 30 mn.
Marinade : 4 h. - 4 pers.

---

4 blancs de poulet
12 grandes feuilles de blettes sans les côtes
3 citrons verts
2 bananes roses ou vertes
3 tomates
1 gousse d'ail
20 g. de gingembre râpé
5 cl. d'huile d'olive
Sel et poivre
Quelques feuilles de coriandre fraîche.

Presser les citrons verts. Inciser légèrement la chair des "blancs" de volaille. Les arroser de jus de citron. Laisser mariner ainsi pendant 2 ou 4 heures en les retournant de temps en temps.

Plonger les feuilles de blettes quelques secondes dans l'eau bouillante pour les ramollir. Les rafraîchir puis les poser à plat sur un linge. Monder et épépiner les tomates. Concasser la chair.

Peler les bananes, les couper en 2 ou 3 tronçons, puis chaque morceau en quartier. Les citronner pour éviter qu'ils ne noircissent.

Disposer les feuilles de blettes sur une planche, poser un morceau de poulet. Saler et poivrer légèrement. Ajouter un peu de tomate (en garder pour la sauce).

Partager les bananes. Les poser sur le poulet ainsi que le gingembre et la coriandre. Replier les feuilles et ficeler le tout avec de la ficelle à rôti.

Faire chauffer l'huile dans une sauteuse, y déposer les "papillotes", l'ail écrasé et la tomate. Couvrir et laisser cuire à feu doux durant 20 minutes tout en arrosant.

Servir avec du riz créole.

Poulet frit "mariné"
(Saint-Domingue)

Prép. : 30 mn. - Cuis. : 15 mn.
Marinade : 4 h. - 4 pers.

Marinade :
4 cuil. à soupe de rhum vieux
4 cuil. à soupe de sauce de soja
4 cuil. à soupe de jus de citron vert.

1 poulet de 1,400 kg.
100 g. de farine
Sel, poivre noir moulu
1,5 l. d'huile d'arachide.

Chauffer le rhum et l'enflammer hors du feu. Ajouter le soja et le jus de citron. Découper la volaille en 8 morceaux (les cuisses et les ailes étant coupées en deux).

Verser la marinade sur le poulet et laisser mariner 4 heures en retournant les morceaux de temps en temps. Saler et poivrer.

Sécher les morceaux de volaille et les fariner. Les mettre à frire dans l'huile chaude.

Dès la cuisson terminée, les déposer sur un papier absorbant.

Servir avec une vinaigrette relevée avec oignon, ail, persil et piment hachés.

Accompagner ce plat de riz à la créole.

Lapin sauté au gingembre et au miel

Prép. : 30 mn. - Cuis. : 1 h.
Marinade : 30 mn. - 4 pers.

1 gros lapin
50 g. de saindoux
2 citrons verts
1/2 cuil. à café de piment doux
1 cuil. à café de gingembre
1/2 cuil. d'origan
100 g. d'oignon haché
2 gousses d'ail
1/2 verre de rhum vieux
1 dl. de jus d'ananas
1 bouquet garni
250 g. d'ananas frais coupé en dés
2 cuil. à potage de miel
20 g. de gingembre frais coupé en petits dés.

Découper le lapin en morceaux. Les frotter avec 1/2 citron. Les enrober de gingembre, d'origan et de piment doux. Laisser macérer 30 minutes. Saler et poivrer.

Dans une cocotte, faire chauffer le saindoux et colorer le lapin. Ajouter le hachis d'oignon, l'ail, le rhum, le jus d'ananas et le bouquet garni. Couvrir et laisser cuire en surveillant le liquide de mouillement.

Dès que le lapin est cuit, le retirer du récipient. Ajouter le miel, l'ananas et le gingembre. Vérifier l'assaisonnement.

Dresser le lapin sur un plat creux. Napper de sauce et arroser de jus de citron.

Servir avec du riz créole ou du riz sauvage bien beurré.

Pintadeau à la cannelle et à l'ananas "rôti"

Prép. : 30 mn. - Cuiss. : 45 mn.
4 pers.

1 pintadeau
4 cl. d'huile d'arachide
80 g. d'oignon haché
20 g. de cannelle en poudre
1 cuil. de gingembre frais râpé
1 cuil. à potage de miel
4 cl. de rhum vieux
1 dl. de bouillon de volaille
Sel et poivre
1 ananas
80 g. de beurre.

Découper la volaille en 4 parts. Saler et poivrer. Dans une cocotte, mettre l'huile à chauffer. Y colorer les morceaux de pintadeau. Retirer la graisse. Ajouter l'oignon haché, la cannelle, le gingembre, le miel. Verser le rhum et flamber. Ajouter ensuite le bouillon de volaille. Couvrir et laisser mijoter 45 minutes à feu doux.

Couper l'ananas en 6 quartiers. Enlever la peau à l'aide d'un couteau tranchant. Détailler chaque morceau en tranches.

Prendre une poêle et faire rissoler l'ananas dans le beurre chaud. Dresser le pintadeau dans un plat creux. Le napper de sauce et répartir l'ananas tout autour.

RHUM
SAINT-ETIENNE
grand rhum agricole

Bœuf épicé aux dombrés

Prép. : 40 mn. - Cuis. : 2 h.
Repos : 20 mn. - 4 pers.

1 kg. de flanchet paré,
150 g. d'oignon
100 g. de carotte
100 g. de poireau
1 bouquet garni
2 clous de girofle
1 cuil. à café de coriandre
3 gousses d'ail
2 petits piments
2 poivrons (vert et rouge)
5 cl. d'huile
4 tomates mondées et épépinées
Le jus d'1 citron
Sel, poivre moulu.

Dombrés :
150 g. de farine
2 œufs entiers
2 jaunes d'œufs
Eau (très peu)
Sel fin
60 g. de beurre en pommade.

Couper la viande en gros cubes de 50 g. Dans un grand récipient, mettre la viande et mouiller à l'eau froide, à 2 cm au-dessus de celle-ci. Porter à ébullition et écumer.

Ajouter 100 g. d'oignon, le poireau, la carotte, le bouquet garni, les clous de girofle, la coriandre, 2 gousses d'ail et 1 piment. Saler et poivrer. Laisser mijoter 1 heure 30 environ.

Préparer les dombrés. Mélanger tous les éléments afin d'obtenir une pâte dont la consistance ressemble à celle de la pâte brisée. Laisser reposer 20 minutes.

Hacher les 50 g. d'oignon restants. Eplucher et épépiner les poivrons. Faire suer ces légumes dans l'huile chaude. Ajouter les tomates. Assaisonner et laisser mijoter.

Diviser la pâte à dombrés en petites boules. Les fariner.

Dès que la viande est cuite, passer le bouillon au chinois dans une casserole. Cuire les dombrés dans ce bouillon frémissant.

Mettre la viande dans un grand plat. Verser les poivrons et les tomates. Répartir les dombrés. Arroser de jus de citron.

Suggestion : *le bouillon peut être utilisé pour cuire du riz pilaf.*

Côte de bœuf grillée Caraïbe

Prép. : 15 mn. - Cuiss. : 20-25 mn.
Macération : 40 mn. - 4 pers.

1 côte de bœuf de 0,8 à 1 kg.
1 cuil. à café de paprika
1 cuil. à café de moutarde à l'ancienne
1/2 cuil. à café de piment "oiseaux" broyé
1/2 cuil. à café de sauce harissa
Sel, poivre de Cayenne
1 dl. d'huile d'olive
1 dl. de rhum vieux.

Mélanger le paprika, la moutarde, la sauce harissa, l'huile et les piments. Inciser la viande en 2 ou 3 endroits.

Déposer la côte dans une terrine et la badigeonner de cette préparation épicée. Laisser macérer au moins 40 minutes.

Faire griller la viande en retournant la pièce au milieu de la cuisson. Assaisonner de sel et de poivre.

Déposer la viande sur le plat de service chaud et l'arroser de rhum enflammé.

Colombo de porc
(Guadeloupe - Martinique)

Prép. : 40 mn. - Cuiss. : 1 h. 45 mn.
4 pers.

600 g. de viande maigre de porc
3 cl. d'huile
80 g. d'oignon haché
1 aubergine
1 mangue verte
2 christophines (chayottes)
2 gousses d'ail écrasées
Sel, poivre
1 bouquet garni
2 cuil. à café de colombo (p. 10)
Le jus d'1 lime (ou d'1 citron vert).

Eplucher la mangue et les christophines. Les tailler en gros cubes ainsi que l'aubergine.

Découper la viande en 12 morceaux réguliers. Mettre l'huile à chauffer dans une cocotte, y faire colorer la viande. Puis ajouter l'oignon, l'ail et les cubes de légumes. Bien mélanger le tout. Verser de l'eau chaude jusqu'à recouvrir le tout. Assaisonner de sel et de poivre. Ajouter le bouquet garni, couvrir et laisser cuire doucement.

En fin de cuisson, parfumer le ragoût avec la poudre à colombo. Laisser mijoter 5 à 10 minutes. Arroser de jus de citron et accompagner ce plat de riz créole.

"Choucroute" de papayes vertes

Prép. : 30 mn. - Cuiss. : 35 mn.
4 pers.

1 kg. de papayes vertes
100 g. d'oignon émincé
50 g. d'échalote hachée
125 g. de lard salé
4 côtes de porc
5 dl. d'huile d'arachide
5 cl. de vinaigre blanc
2 dl. de bouillon de volaille
2 gousses d'ail écrasées
Le jus d'1 lime (ou d'1 citron vert)
1 bouquet garni
Cannelle, noix de muscade
Sel, poivre, gingembre.

Eplucher les papayes. Les ouvrir en deux afin de retirer les graines. Les émincer en fines lamelles. Les mettre dans l'eau froide. Porter à ébullition puis égoutter. Découper le lard en petits bâtonnets.

Mettre l'huile à chauffer dans une cocotte. Y colorer les côtes de porc et les lardons. Les enlever.

Retirer la graisse de cuisson et placer l'oignon et l'échalote à suer. Verser le vinaigre, afin de dissoudre les "sucs" caramélisés.

Ajouter la papaye, l'ail, les épices, le bouquet garni, la viande, le bouillon de volaille et l'assaisonnement. Couvrir et laisser cuire à feu doux tout en surveillant que les légumes "n'attachent" pas.

Servir ce plat, arrosé d'un jus de citron vert dans lequel vous aurez fait infuser du gingembre râpé, et accompagné de patates douces cuites au four et épluchées.

Daube de porc et de patates douces

XX ∞

Prép. : 30 mn. - Cuiss. : 1 h 50 mn.
4 pers.

600 g. d'épaule de porc
400 g. de patates douces
150 g. d'oignons hachés
1 gousse d'ail hachée
20 g. de gingembre râpé
20 g. de curry
2 dl. de lait de coco (p. 11)
2 dl. de jus de tomate
2 cuil. de sauce de soja
5 cl. d'huile
20 g. de persil
20 g. de coco râpé grillé dans une poêle anti-adhésive.

Découper la viande en morceaux réguliers. En compter 3 par personne.

Mettre l'huile à chauffer dans une cocotte. Y faire rissoler le porc. Enlever la graisse. Ajouter les oignons hachés et les faire suer. Ajouter ensuite le curry, le gingembre, l'ail, le jus de tomate, le lait de coco et la sauce de soja. Mélanger. Couvrir et laisser cuire à petit feu durant 1 heure 10 minutes environ.

Eplucher les patates douces. Les découper en cubes de 2 cm. Les ajouter à la viande. Mélanger le tout. Laisser cuire à nouveau 30 à 40 minutes. La viande doit être bien cuite. Au moment de servir, saupoudrer le plat de coco râpée et de persil. La sauce peut être pimentée.

Ragoût de cochon mariné aux bananes vertes

Prép. : 25 mn. - Cuis. : 1 h. 30 mn.
Marinade : 12 h. - 4 pers.

1,5 kg. d'échine ou d'épaule de porc
5 cl. d'huile
80 g. d'oignon haché
2 gousses d'ail écrasées
1 bouquet garni
1 cube de bouillon de volaille
200 g. de riz
4 bananes vertes (plantain)
80 g. de beurre
Le jus d'1 citron vert
20 g. de persil haché
Sel, poivre blanc moulu.

Marinade :
2 gousses d'ail
1 bouquet garni
1 petit piment
1 petit oignon haché
1 clou de girofle
1 petit verre de rhum vieux
Le jus d'1 citron vert et quelques zestes.

Découper la viande en cubes. La mettre à mariner 12 heures à température ambiante. Faire chauffer l'huile. Quand elle "fume", mettre les morceaux de viande à colorer. Ajouter l'oignon. Mouiller à hauteur avec de l'eau tiède. Assaisonner, ajouter le bouquet garni et le cube de bouillon. Laisser cuire à couvert 50 minutes environ.

Cuire le riz créole, le beurrer. Eplucher les bananes et les cuire à la vapeur 25 minutes. Mettre le riz en couronne sur un grand plat, disposer la viande au centre. Entourer de bananes coupées en tronçons. Arroser le tout de jus de citron. Décorer de persil.

Rôti de cochon des Iles sous le vent

Prép. : 15 mn. - Cuiss. : 1 h 10 mn.
Macération : 2 à 3 h. - 4 pers.

1,200 kg. de filet de porc
1 citron vert
1 gousse d'ail écrasée
5 cl. d'huile
Brindilles de thym
3 cuil. à potage de miel
1 cuil. à café de gingembre râpé
1/2 cuil. à café de 4 épices
Sel et poivre de Cayenne
3 cuil. à potage de rhum vieux
2 dl. de bouillon de volaille
1 cuil. à café de maïzena.

Frotter le rôti avec les zestes prélevés sur le citron et l'ail écrasé. Ajouter le thym. Le laisser macérer ainsi au frais 2 à 3 heures.

Colorer le rôti dans l'huile chaude, puis l'enfourner dans un four pour 50 minutes (th. 6). Saler et poivrer durant la cuisson.

Mélanger ensemble le miel, le rhum, le gingembre et les épices.

Au terme des 50 minutes, sortir le rôti et le badigeonner de cette préparation. Remettre au four. Recommencer plusieurs fois cette opération jusqu'à la cuisson complète de la viande.

Récupérer le jus de cuisson et le verser dans une casserole. Ajouter le bouillon dans lequel est délayée la maïzena et laisser réduire. Vérifier l'assaisonnement et terminer avec le jus de citron. Découper le rôti. Le servir avec du riz créole et des tranches d'ananas sautées au beurre.

Brochettes d'agneau mariné au tamarin (Ile de Java)

Prép. : 20 mn. - Cuiss. : 10 mn.
Marinade : 1 h. - 4 pers.

600 g. de gigot d'agneau désossé
50 g. de pulpe de tamarin
2 gousses d'ail écrasées
30 g. d'échalote hachée
1 cuil. à café de sucre de canne
2 cuil. à potage d'huile de noix de coco
Sel et poivre de Cayenne.

Mettre la pulpe des tamarins dans une demi-tasse d'eau bouillante. Laisser tremper une heure, puis écraser la pulpe au tamis pour retenir les graines et recueillir le jus.

Découper la viande en petits cubes et la mettre à mariner 1 heure dans l'eau de tamarin, avec l'ail écrasé, l'échalote hachée, le sucre et 1 cuillerée d'huile de noix de coco. Saler et poivrer. Mettre la viande en brochettes et les griller en les passant préalablement dans l'huile de noix de coco.

Les fruits du tamarin se présentent sous la forme de belles gousses de couleur brun-cannelle, lesquelles renferment quelques graines dures, entourées d'une pulpe marron dont le goût est à la fois doux et aigrelet.

Colombo d'agneau aux légumes

Prép. : 30 mn. - Cuis. : 1 h. 20 mn.
Marinade : 1 h. - 4 pers.

1 kg. d'épaule d'agneau
4 citrons verts
4 gousses d'ail
25 g. de poudre à colombo
1 petit piment
80 g. d'oignon haché
2 graines de tamarin avec la pulpe qui les entoure
1 bouquet garni
1 aubergine
1 christophine.

Découper l'agneau en cubes de 50 g. environ. Les mettre dans une grande terrine, avec le jus d'1 citron vert, une pincée de sel, le piment et une gousse d'ail hachée. Saupoudrer l'ensemble avec un peu de poudre à colombo et laisser 1 heure au frais.

Dans une cocotte en fonte, mettre l'huile à chauffer fortement. Colorer les morceaux de viande. Ajouter l'oignon haché. Laisser suer. Mouiller d'eau à hauteur. Ajouter le reste d'ail, le bouquet garni, la poudre à colombo et les graines de tamarin. Saler et poivrer légèrement. Couvrir et laisser cuire 40 minutes.

Eplucher la christophine, enlever le cœur puis la couper en dés.

Découper également l'aubergine en dés, sans l'éplucher. Ajouter ces légumes à la viande.

La viande doit être cuite et les légumes doivent être fondants sans être en bouillie.

Arroser le tout de jus de citron et parsemer de persil haché.

Curry d'agneau "Madras"

Prép. : 40 mn. - Cuiss. : 45 mn.
4 pers.

---

800 g. d'épaule d'agneau
4 cl. d'huile
100 g. d'oignon haché
20 g. de farine
20 g. de curry
150 g. de tomates coupées
1 gousse d'ail écrasée
1 bouquet garni, sel
100 g. de banane en purée
2 tranches d'ananas en dés
100 g. de mangue mûre en dés
1 dl. de lait de coco
1 dl. de crème fraîche
20 g. de lamelles de noix de coco grillées.

Découper la viande en morceaux de 50 g. Colorer la viande dans l'huile. Jeter la graisse. Ajouter l'oignon haché, la farine et le curry. Mélanger. Ajouter la tomate, l'ail et le bouquet garni. Mouiller d'eau froide à hauteur. Saler. Couvrir et cuire à petit feu 45 minutes.

Retirer la viande. Passer la sauce au chinois. La porter à ébullition, ajouter la crème fraîche, le lait de coco et la purée de banane. Ajouter la mangue et l'ananas en dés. Dresser la viande dans un plat creux. Napper de sauce et parsemer de lamelles de coco grillées.

"Tajine" de mouton aux goyaves

XX ∞
Prép. : 25 mn. - Cuiss. : 50 mn.
4 pers.

---

600 g. d'épaule de mouton
4 cl. d'huile
80 g. d'oignon
5 g. de safran
1 petit bâton de cannelle
30 g. de gingembre
20 g. de farine
150 g. de chair de tomate (mondée et épépinée)
4 dl. de bouillon de volaille
1 gousse d'ail
4 goyaves "roses"
Ciboulette
Sel et poivre.

Découper la viande en morceaux. Dorer la viande à l'huile. Jeter la graisse. Ajouter la farine, le safran, le gingembre, la chair de tomate coupée en petits dés, la cannelle, l'oignon haché et la gousse d'ail écrasée. Remuer. Ajouter le bouillon de volaille. Saler et poivrer. Couvrir et laisser mijoter à feu doux 50 minutes.

Eplucher les goyaves, les couper en 4 et enlever les pépins. Lorsque la viande est presque cuite, ajouter les fruits et terminer la cuisson. Dresser la viande dans un plat creux. Saupoudrer de ciboulette. Servir.

Christophines au jus

Prép. : 30 mn. - Cuiss. : 35 mn.
4 pers.

700 g. de christophines (chayottes)
40 g. de beurre
150 g. de lard fumé
50 g. d'oignon haché
1 clou de girofle
2 tomates
1 gousse d'ail
Brindilles de thym
1 cuil. à café de persil haché
1 cuil. à café de ciboulette hachée
3 dl. de bouillon de volaille
Sel et poivre.

Eplucher et enlever le cœur des christophines. Couper la chair en tranches épaisses.

Monder et épépiner les tomates. Les couper en morceaux. Découper le lard en petits dés.

Dans une cocotte, faire revenir dans le beurre chaud l'oignon et le lard. Ajouter les christophines. Mélanger et laisser cuire ainsi quelques minutes. Verser le bouillon, ajouter les tomates, l'ail, le thym et le clou de girofle. Assaisonner de sel et poivre.

Couvrir et laisser mijoter à feu doux environ 30 minutes. Surveiller. Servir chaud avec le persil et la ciboulette.

Chayottes farcies

Prép. : 30 mn. - Cuiss. : 45 mn.
4 pers.

4 chayottes (christophines)
5 cl. d'huile
250 g. de chair à saucisse
30 g. d'échalote hachée
1 cuil. à potage de persil haché
1 cuil. à potage de ciboulette hachée
1 petit piment
2 gousses d'ail écrasées
Quelques brindilles de thym
100 g. de gruyère râpé
50 g. de beurre
Sel, poivre
Chapelure.

Couper les christophines en deux dans le sens de la longueur. Les cuire à l'eau bouillante salée ou à la vapeur. Enlever les cœurs puis retirer la chair délicatement avec une petite cuillère afin d'obtenir un réceptacle pour la farce.

Ecraser la pulpe, ajouter les herbes, le thym et le piment. Saler, poivrer.

Dans l'huile chaude, faire revenir la viande, ajouter les échalotes, l'ail écrasé et la chair des christophines. Bien mélanger le tout. Laisser mijoter.

Remplir les christophines. Saupoudrer de gruyère râpé et de chapelure. Parsemer de noisettes de beurre. Faire dorer au four.

Haricots rouges à la créole

Prép. : 30 mn. - Cuiss. : 1 h. 30 mn. à 2 h.
4 pers.

250 g. de haricots rouges de l'année
1 petit jambonneau cuit
1 bouquet garni
1 gros oignon piqué d'un clou de girofle
1 l. de bouillon de volaille
2 gousses d'ail
50 g. de saindoux
Sel et poivre
2 cuil. à potage de vinaigre de vin rouge.

Dans une grande casserole, mettre le saindoux à chauffer. Y faire colorer le jambonneau.

Ajouter les haricots rouges, l'oignon, le bouquet garni et les gousses d'ail. Assaisonner. Verser le bouillon. Couvrir et laisser cuire à four doux.

Dresser les haricots rouges dans un plat creux et arroser de vinaigre.

Remarques :
- les haricots doivent être tendres et le liquide de cuisson presque évaporé.
- aux Antilles, il est d'usage de servir les haricots mélangés à du riz. Accompagner ce plat de viande de porc grillée, de saucisses ou de boudin.

Rizotto aux poivrons et à la mangue ✕ ○

Prép. : 15 mn. - Cuiss. : 20 mn.
Repos : 5 mn. - 4 pers.

200 g. de riz
5 cl. d'huile
80 g. d'oignon haché
120 g. de poivron rouge et vert en dés
120 g. de mangue coupée en cubes
5 g. de safran
Sel, poivre
50 g. de beurre.

Mesurer le volume du riz et préparer le liquide de mouillement qui peut être de l'eau ou du bouillon de volaille. Le liquide correspond à 2 fois 1/2 le volume du riz.

Dans une sauteuse pouvant aller au four, mettre l'huile à chauffer sans excès. Y faire suer l'oignon et les poivrons. Ajouter le riz, le safran, le sel et le poivre. Bien mélanger le tout. Verser le liquide de mouillement. Couvrir et cuire au four à 180° C pendant 15 à 20 minutes. 10 minutes avant la fin de la cuisson du riz, ajouter les cubes de mangue.

Quand le riz est cuit, disposer le beurre à la surface sans remuer. Laisser reposer 5 minutes. Egrener à la fourchette au moment de servir. Dresser dans un plat creux.

Igname "dans sa peau"

Prép. : 40 mn. - Cuis. : 30 mn.
4 pers.

1 igname blanche de 1,5 kg. de forme régulière
125 g. de beurre
1 dl. de lait
Sel, poivre blanc
Noix de muscade
20 g. de ciboulette.

Bien brosser l'igname sous l'eau courante. La mettre à cuire à l'eau bouillante salée pendant environ 30 minutes. La piquer pour s'assurer de son point de cuisson.

Découper un chapeau sur la longueur. Creuser avec une petite cuillère en laissant un bon centimètre d'épaisseur.

Passer la chair au moulin à légumes. Ajouter le beurre et le lait chaud. Assaisonner et mélanger vivement. Remplir l'igname et saupoudrer de ciboulette ciselée. Replacer le chapeau.

Accompagne des plats en sauce.

Croquettes d'igname
(Saint-Domingue)

Prép. : 30 mn. - Cuis. : 20 mn.
4 pers.

500 g. d'igname épluchée et finement râpée
20 g. de beurre fondu
50 g. d'oignon haché
20 g. de persil haché
Sel, poivre noir moulu
2 jaunes d'œufs
1 dl. d'huile.

Dans un saladier, mélanger l'igname, le beurre, l'oignon et le persil hachés. Saler et poivrer. Incorporer les jaunes d'œufs. Travailler le tout énergiquement.

Mettre l'huile à chauffer dans une grande poêle. Déposer des petits tas d'igname, les aplatir légèrement à la fourchette pour former des galettes. Laisser cuire puis les retourner quand elles sont dorées.

Servir chaud.

Brochettes de fruits

Prép. : 35 mn. - Cuiss. : 5 mn.
4 pers.

3 bananes roses
1 mangue
3 tranches d'ananas
6 litchis
10 morceaux de sucre de canne
1 lime (ou 1 citron vert)
60 g. de beurre
1 dl. de jus (orange et fruits de la passion)
5 cl. de rhum vieux.

Frotter les carrés de sucre sur la peau du citron.

Presser le citron pour en extraire le jus.

Eplucher les fruits, les découper en cubes et les citronner. Les litchis seront dénoyautés et resteront entiers.

Embrocher ces fruits sur des petites piques en bois (2 par personne) en les mélangeant.

Dans une grande poêle, mettre le beurre à chauffer. Y faire fondre les sucres, verser le jus et laisser réduire jusqu'à l'obtention d'un sirop épais. Déposer les brochettes et les enrober.

Verser le rhum et flamber.

Salade de fruits exotiques

Prép. : 30 mn. - Macération : 1 h.
8 pers.

1 ananas de 800 g. environ
1 mangue mûre
2 caramboles
2 kiwis
16 litchis
300 g. de fruits de la passion
2 bananes roses
1 orange à peau verte
20 g. de gingembre épluché et haché
2 cuil. à soupe de rhum vieux
6 cuil. de sirop de canne épais.

Couper l'ananas en quartiers. Enlever la chair, puis la tailler en morceaux. Eplucher la mangue et la couper en cubes. Retirer la peau et le noyau des litchis. Eplucher les kiwis et les couper en rondelles. Couper les caramboles en tranches afin d'obtenir des "étoiles". Ouvrir les fruits de la passion et retirer la pulpe et les pépins. Peler à vif l'orange et la couper en 1/2 tranches. Oter la peau des bananes et les couper en rondelles.

Rassembler tous ces fruits dans un grand saladier. Ajouter le sirop, le gingembre et le rhum. Mélanger délicatement, réserver au frais.

Dresser dans des coupes individuelles.

Soupe de fruits "rafraîchie"

Macération : 1 h. - Prép. : 30 mn.
4 pers.

4 kumquats
1 petite banane rose
1 mangue mûre
1 kiwi
1 grenade
8 litchis
2 fruits de la passion
2 tranches d'ananas frais
Le jus d'1/2 citron
Le jus d'1 orange
1 gousse de vanille
3 cl. de grenadine
4 feuilles de menthe
1/4 l. de sorbet à la noix de coco.

Ouvrir la grenade et les fruits de la passion. Oter la pulpe et les graines. Couper les kumquats en 4. Eplucher les fruits. Retirer le noyau des litchis.

Tailler les fruits en morceaux réguliers. Les rassembler dans un saladier, avec la gousse de vanille, la grenadine et les jus d'orange et de citron. Laisser macérer 1 heure au frais.

Répartir les fruits et le jus dans 4 assiettes creuses. Déposer une grosse boule de sorbet noix de coco. Laisser fondre légèrement et décorer de feuilles de menthe.

Litchis en infusion au gingembre

Prép. : 35 mn. - Cuiss. : 5 mn.
Macération : 1 h. - 4 pers.

500 g. de litchis
150 g. de sucre
1 dl. d'eau
Zeste d'orange
30 g. de gingembre épluché.

Eplucher les litchis. Les ouvrir, retirer délicatement le noyau. Garder le jus qui s'écoule durant cette opération.

Dissoudre le sucre dans l'eau. Mettre sur le feu et laisser bouillir 2 minutes. Le sirop ainsi obtenu doit napper légèrement la cuillère. Retirer du feu et ajouter les litchis ainsi que le zeste d'orange et le gingembre coupé en fines lamelles.

Laisser macérer 1 heure et servir très frais.

Tamarillos en habit rouge

Prép. : 20 mn. - Cuiss. : 11 mn.
4 pers.

5 tamarillos bien mûrs
1,5 dl. de coulis de framboise
50 g. de sucre de canne
20 g. de beurre
4 feuilles de menthe.

A l'aide d'un couteau très aiguisé, éplucher les tamarillos. Les couper en deux dans le sens de la longueur.

Beurrer un plat à gratin, y déposer les fruits, puis les saupoudrer de sucre. Cuire dans un four à 200° C pendant 8 minutes. Verser ensuite le coulis de framboise sur les tamarillos. Enfourner à nouveau pour 3 minutes.

Répartir le tout dans 4 assiettes. Décorer d'une feuille de menthe.

Accompagner ce dessert de petits fours secs à la noix de coco (p. 90).

Crème de corossol au lait de coco

Prép. : 10 mn.
4 pers.

1 gros corossol bien mûr
1 dl. de lait de coco
Sirop de canne.

Ouvrir en deux le corossol. Retirer la pulpe et enlever les graines. Mixer la chair en ajoutant du lait de coco. Sucrer au sirop de canne.

La quantité de lait de coco sera fonction de la consistance souhaitée.

Si cette crème de corossol est destinée à la réalisation d'un sorbet, ajouter un filet de jus de citron et passer le tout à la sorbetière.

Le corossol est un gros fruit dont l'écorce marquée d'écailles est généralement d'un beau vert. Quand le fruit a atteint sa maturité, la peau cède sous la pression du doigt. Sa pulpe blanche est alors crémeuse, douce et acidulée. Elle contient de nombreuses graines noires.

Flan caramélisé au coco

XX O

Prép. : 10 mn. - Cuiss. : 30 mn.
4 pers.

8 dl. de lait
6 œufs
250 g. de sucre
1 boîte de lait concentré sucré
1 gousse de vanille
150 g. de coco râpé.

Porter le lait à ébullition, y faire infuser la gousse de vanille, incorporer le lait concentré.

Travailler ensemble les œufs entiers et 100 g. de sucre. Verser le lait, le coco et mélanger.

Réaliser un caramel avec le restant du sucre et 5 cl. d'eau. Quand le sucre a atteint sa couleur brune, ajouter 3 cuillères à potage d'eau. Verser le caramel dans le fond des ramequins en verre, puis tout en mélangeant, verser le lait. Cuire au bain-marie, à four doux (200° C) pendant 30 minutes.

Laisser bien refroidir et démouler sur assiette.

Clafouti aux kiwis et aux litchis

Prép. : 30 mn. - Cuiss. : 30 mn.
4 pers.

200 g. de pâte brisée sucrée
5 kiwis
150 g. de litchis épluchés et dénoyautés
4 œufs
1/4 l. de crème fraîche
4 cl. de rhum vieux
150 g. de sucre de canne
1 paquet de sucre vanillé
10 g. de beurre
Sucre glace.

Foncer un moule à tarte beurré de 25 cm de diamètre avec la pâte brisée. Cuire à blanc 12 minutes dans un four à 200° C.

Eplucher les kiwis, les couper en quartiers puis en morceaux.

Mélanger les œufs entiers, le sucre de canne, le sucre vanillé, la crème et le rhum vieux.

Garnir le fond de tarte, en répartissant les kiwis et les litchis. Verser l'appareil. Terminer la cuisson dans un four à 180° C.

A la sortie du four, saupoudrer de sucre glace.

Fruits exotiques en beignets

Prép. : 20 mn. - Cuiss. : 5 mn.
4 pers.

Pâte à frire :
200 g. de farine
3 œufs
1 pincée de sel
2 dl. de lait
1 cuil. à soupe d'huile
1 cuil. à soupe de rhum vieux.

2 kiwis
1 mangue
8 dattes
8 litchis
Cannelle.

Mélanger la farine, le sel, les jaunes d'œufs, l'huile et le rhum en ajoutant progressivement le lait.

Battre les blancs en neige et les incorporer délicatement à la pâte.

Eplucher la mangue, les kiwis, les litchis. Retirer le noyau des dattes et des litchis. Découper les kiwis en 4, la mangue en 8. Saupoudrer tous ces fruits de cannelle.

Passer les morceaux dans la pâte. Cuire dans une friture chaude (180° C). Egoutter sur du papier absorbant.

Servir avec un coulis aux fruits de la passion (p. 92).

Mousse glacée aux 3 couleurs

XX OO

Prép. : 40 mn.
4 pers.

50 g. de beurre	*50 g. de sucre*
5 bananes bien mûres	*3 kiwis mûrs*
4 fruits de la passion (maracujas)	*Le jus d'1/2 citron vert*
1/4 l. de crème fraîche liquide	*2 dl. de coulis de mangue (p. 92).*

Ouvrir les fruits de la passion pour en extraire la pulpe. Faire fondre le beurre. Ajouter les bananes préalablement épluchées et coupées en morceaux. Les réduire en purée, mélanger la pulpe des maracujas. Réserver au frais.

Monter en chantilly la crème avec le sucre. Incorporer délicatement la purée de banane très froide.

Eplucher les kiwis. Les mixer avec le jus de citron vert. Répartir la purée de kiwi dans des coupes à bords hauts. Compléter avec la purée de banane et terminer avec le coulis de mangue.

Cake chocolat à la banane

Prép. : 35 mn. - Cuis. : 40 mn.
8 pers.

600 g. de bananes mûres
1 citron vert
2 cl. de rhum vieux
250 g. de farine
30 g. de cacao non sucré
100 g. de beurre
200 g. de sucre
2 œufs
1 sachet de levure
1 pincée de sel
50 g. de fruits exotiques séchés (ananas, papaye...).

Eplucher les bananes et les réduire en purée. Ajouter le jus de citron, le rhum vieux et les fruits séchés.

Travailler le beurre ramolli et le sucre, puis incorporer les œufs un à un.

Mélanger la farine, le cacao, la levure et le sel, puis verser l'ensemble progressivement sur le beurre. Terminer avec la purée de banane.

Verser la pâte dans un moule à cake de 30 cm beurré et fariné.

Cuire à four chaud, à 180° C, pendant 40 minutes.

Servir avec une crème anglaise au café.

Pain aux épices

Prép. : 15 mn. - Cuis. : 30 mn.
8 pers.

250 g. de farine
250 g. de miel
50 g. de beurre
10 g. de levure de boulanger
1/2 paquet de levure chimique
1 pincée de gingembre haché
Le zeste d'1 citron et d'1 orange
1 pincée de cannelle en poudre
1 pincée de girofle en poudre
1 pincée de muscade
Quelques grains d'anis écrasés
1 pincée de cardamome
1 œuf
Sel.

Mélanger le miel, le beurre fondu, les épices, le sel, l'œuf battu et la levure. Ajouter la farine et pétrir le tout pour obtenir une pâte lisse et élastique.

Laisser reposer en boule dans un endroit tiède.

Reprendre la pâte et la mouler dans un moule à cake. Laisser lever la pâte.

Faire cuire à four chaud, th. 6, 30 minutes environ.

"Pain" de noix de coco

Prép. : 30 mn. - Cuiss. : 25 mn.
4 pers.

180 g. de sucre
3 œufs entiers
125 g. de coco râpé
50 g. de maïzena
25 g. de farine
60 g. de beurre fondu
3 blancs d'œufs
2 cuil. à soupe de rhum.

Mélanger dans une terrine les œufs entiers et le sucre jusqu'à ce que le mélange blanchisse. Ajouter la noix de coco, le rhum, la maïzena et la farine, puis terminer avec le beurre fondu. Incorporer ensuite délicatement les blancs d'œufs battus en neige très ferme.

Beurrer et fariner un moule à génoise. Verser la pâte et mettre à cuire dans un four à 180° C pendant 25 minutes.

Délice des tropiques

Prép. : 30 mn. - Cuiss. : 30 mn.
Repos : 30 mn. - 4 pers.

Pâte sablée :
175 g. de farine
70 g. de sucre
1 œuf
70 g. de beurre
1 pincée de sel.

Garniture :
75 g. de coco râpé
60 g. de sucre
15 g. de farine
3 blancs d'œufs
2 bananes
2 cuil. à soupe de rhum vieux
Sucre glace.

Réaliser la pâte sablée et la laisser reposer 30 minutes. Foncer une tourtière.

Eplucher et couper les bananes en rondelles, les faire macérer dans le rhum. Mélanger le coco râpé, le sucre et la farine. Monter les blancs d'œufs en neige ferme avec une cuillerée de sucre. Incorporer délicatement le mélange coco râpé, sucre, farine, en soulevant l'appareil.

Garnir le fond de tarte avec une partie du mélange, déposer les rondelles de bananes, puis recouvrir avec le restant. Cuire à four chaud à 180° C durant 30 minutes. Saupoudrer de sucre glace au moment de servir.

Tarte aux caramboles

Prép. : 20 mn. - Cuiss. : 30 mn.
4 pers.

250 g. de pâte brisée sucrée	*1 œuf*
50 g. de beurre	*4 à 6 caramboles selon la taille*
50 g. de sucre de canne	*5 cl. de rhum vieux*
50 g. de coco râpé	*Extrait de vanille*
10 g. de farine	*Sucre de canne.*

Foncer de pâte brisée un moule à tarte de 25 cm de diamètre.

Mettre le beurre à ramollir dans un saladier. Ajouter le sucre. Travailler à la spatule. Incorporer progressivement le coco râpé, la farine, l'œuf battu, le rhum et quelques gouttes d'extrait de vanille.

Répartir ce mélange sur la pâte.

Découper les caramboles en tranches de 5 mm d'épaisseur. Les ranger en spirale sur la crème. Cuire à four chaud à 200° C pendant 30 minutes.

A la sortie du four, saupoudrer de sucre de canne.

Tarte aux citrons verts

Prép. : 40 mn. - Cuiss. : 20 mn.
4 pers.

Pâte brisée sucrée :
200 g. de farine
100 g. de beurre
30 g. de sucre
1 pincée de sel
7 cl. d'eau.
Garniture :
5 citrons verts
200 g. de sucre
6 œufs entiers + 3 jaunes
50 g. de beurre.
Finition :
3 blancs d'œufs
100 g. de sucre.

Mettre la farine en fontaine, ajouter le sel, le sucre. Couper le beurre en parcelles et le malaxer avec la farine. Verser l'eau petit à petit et former une boule en pétrissant rapidement. Laisser reposer une heure.

A l'aide du couteau économe, prélever le zeste de 3 citrons. Les hacher finement. Presser les citrons et ajouter le zeste. Porter à ébullition le jus, avec le sucre et le beurre. Verser sur les œufs battus en fouettant. Remettre sur le feu. Remuer et laisser épaissir.

Foncer le moule à tarte de pâte brisé. Cuire à blanc à 200° C. Garnir le fond encore chaud de la crème au citron tiède.

Réaliser une meringue en incorporant le sucre dans les blancs en neige et décorer à la poche. Passer la tarte quelques instants dans un four très chaud pour colorer la meringue.

Sorbet à l'avocat

Prép. : 20 mn.

300 g. de sucre	*4 avocats bien mûrs*
4 dl. d'eau	*8 cl. de jus de citron vert.*

Eplucher et mixer les avocats. Les arroser de jus de citron.

Faire bouillir l'eau et le sucre. Réaliser un sirop et le laisser refroidir. Mélanger le sirop de sucre et la purée d'avocat. Verser dans une sorbetière et turbiner à grande vitesse.

Glace à la banane et à la vanille

Prép. : 30 mn.

1/2 l. de lait
4 jaunes d'œufs
125 g. de sucre
1 gousse de vanille
500 g. de banane
4 cl. de rhum blanc
Le jus d'1/2 citron.

Faire bouillir le lait et infuser la gousse de vanille.

Travailler les jaunes d'œufs avec le sucre. Verser le lait bouillant tout en remuant. Remettre le mélange dans une casserole et sur feu doux, sans faire bouillir, en remuant avec une cuillère en bois, faire épaissir la crème. Passer au chinois.

Eplucher les bananes, les réduire en purée, ajouter le rhum et le jus de citron. Mélanger avec la crème. Faire prendre à la sorbetière.

Glace vanille aux "litchis arrangés"

Prép. : 15 mn. - Cuiss. : 5 mn.

1/2 l. de glace vanille
500 g. de litchis
20 g. de beurre
2 cuil. à potage de miel
1 pincée de cannelle
1 anis étoilé
5 cl. de jus d'orange
5 cl. de rhum blanc agricole.

Eplucher délicatement les litchis. Retirer le noyau central.

Dans une poêle, mettre le beurre à fondre. Ajouter les fruits, l'anis étoilé et le miel. Saupoudrer de cannelle. Verser le jus d'orange. Cuire à petit feu 3 à 4 minutes. Hors du feu, verser le rhum blanc et flamber.

Répartir les litchis dans 4 coupelles et déposer dans chacune une belle boule de glace vanille.

Décorer de copeaux de mangue verte et servir aussitôt, accompagné de petits fours secs (p. 90).

Patates douces glacées

Prép. : 10 mn. - Cuiss. : 20 mn.
6 pers.

500 g. de patates douces épluchées
250 g. de sucre de canne
1 gousse de vanille
125 g. de sucre glace
2 cuil. à potage de rhum.

Découper les patates douces en gros cubes. Les disposer dans une grande casserole. Couvrir d'eau. Ajouter le sucre et la gousse de vanille. Porter à ébullition et laisser cuire 10 minutes. Laisser refroidir dans le sirop.

Le lendemain, retirer les patates douces. Faire réduire le sirop. Remettre les patates et laisser confire. Recommencer plusieurs fois cette opération, jusqu'au moment où le sucre commence à cristalliser.

Disposer les patates sur une grille. Préparer le glaçage en mélangeant le sucre glace et le rhum. Il doit être fluide. Glacer les patates douces.

Nougat coco aux épices

Prép. : 10 mn. - Cuiss. : 15 mn.
4 pers.

200 g. de noix de coco râpée
200 g. de sucre semoule
1 dl. d'eau
1 cuil. à café de jus de citron
Extrait de vanille
Zeste de citron vert
Muscade et cannelle.

Dans une casserole à fond épais, mélanger l'eau, le jus de citron et le sucre. Porter à ébullition et cuire ce sirop à feu doux, jusqu'à obtention d'une couleur jaune paille.

Hors du feu, ajouter le zeste de citron, la noix de coco. Parfumer d'un peu de cannelle, d'extrait de vanille et de muscade râpée. Mélanger à la spatule.

Verser sur une plaque légèrement huilée. Répartir la préparation sur 1 cm d'épaisseur. Laisser refroidir 15 minutes puis découper en carrés de 3 cm de côté.

Copeaux de mangue verte confits

Prép. : 10 mn. - Cuiss. : 20 mn.
Macération : 36 h. - 6 pers.

1 mangue verte
150 g. de sucre
2 dl. d'eau
Extrait de vanille.

Eplucher la mangue et, à l'aide d'un couteau économe, la détailler en fines lanières.

Réaliser un sirop avec l'eau, le sucre et l'extrait de vanille. Y plonger les copeaux de mangue. Cuire à petits frémissements 20 minutes. Laisser refroidir dans le sirop.

Gingembre confit

Prép. : 10 mn. - Cuiss. : 20 mn.
Macération : 36 h. - 6 pers.

250 g. de gingembre
300 g. de sucre
4 dl. d'eau.

Eplucher les rhizomes de gingembre, les couper en morceaux. Blanchir le gingembre quelques minutes dans l'eau bouillante. Egoutter et laisser refroidir.

Porter à ébullition l'eau et le sucre. Quand le sirop est prêt, retirer du feu. Y plonger le gingembre.

Le lendemain, retirer les morceaux. Mettre le sirop à réduire 3 à 4 minutes puis y replacer le gingembre. Procéder ainsi jusqu'à obtention d'un sirop épais et visqueux, le produit à confire devant être translucide.

Croquants aux fruits séchés

Prép. : 10 mn. - Cuiss. : 10 mn.
8 pers.

150 g. de végétaline
250 g. de chocolat à croquer
100 g. de sucre glace
200 g. de fruits séchés (mangue, papaye, ananas, raisins, banane, coco).

Faire fondre doucement la végétaline et le chocolat. Ajouter le sucre. Laisser refroidir 5 à 10 minutes. Mélanger les fruits séchés. Déposer sur un papier sulfurisé des petits tas. Ecraser légèrement. Conserver au frais.

Rochers "diamant"

Prép. : 25 mn. - Cuiss. : 50 mn.
8 pers.

4 blancs d'œufs
250 g. de sucre glace
200 g. de coco râpé
Quelques gouttes de vanille.

Battre les blancs d'œufs et le sucre au bain-marie, dans un saladier. Quand le mélange est chaud (40° C), continuer à battre hors du feu, à grande vitesse, jusqu'à complet refroidissement. Ajouter le coco et la vanille. Mélanger délicatement à la spatule. Déposer sur un papier sulfurisé à l'aide d'une cuillère à café des petits tas de meringue. Cuire à four doux à 120°C pendant 50 minutes.

Sablés à la banane

Cuiss. : 10 mn. - Prép. : 20 mn.
Repos : 15 mn. 8 pers.

1 banane bien mûre
150 g. de sucre de canne
50 g. de beurre
150 g. de farine
1 œuf.

Eplucher et écraser la banane. Mélanger dans un saladier le beurre ramolli, le sucre et la purée de banane. Ajouter l'œuf. Travailler à la spatule puis verser la farine. Former une boule homogène. Laisser reposer 15 minutes. A l'aide d'une poche à douille, déposer des petits tas sur une plaque beurrée. Cuire 10 minutes dans un four à 200° C. Décoller avant refroidissement.

Coulis à la mangue

Prép. : 10 mn. - Cuiss. : 5 mn.
Pour 1/3 l. environ

1 mangue mûre
40 g. de sucre
2 dl. d'eau.

Réaliser un sirop avec l'eau et le sucre. Laisser refroidir. Eplucher la mangue puis retirer la chair tout autour du noyau. Mixer ensemble le sirop et les morceaux de mangue.

Coulis aux fruits de la passion

Prép. : 20 mn.
Pour 1/3 l. environ

800 g. de fruits de la passion bien mûrs
2 oreillons de pêche au sirop
50 g. de banane mûre
40 g. de sucre
2 dl. d'eau.

Couper les fruits de la passion en deux, en extraire toute la pulpe, y compris les petits pépins. Mettre le sucre à fondre dans l'eau.

Rassembler tous les ingrédients dans un mixer et laisser tourner quelques minutes. Passer au chinois. Réserver au frais.

Coulis d'ananas frais au lait de coco

Prép. : 5 mn.
Pour 1/3 l. environ

300 g. d'ananas frais épluché
50 g. de sucre
2 dl. de lait de coco très corsé (p. 11).

Mettre à fondre le sucre dans le lait de coco. Mixer à grande vitesse la chair d'ananas. Ajouter le sirop au lait de coco.

Passer au chinois. Réserver au frais.

Coulis "planteur"

Prép. : 10 mn.
Pour 1/2 l. environ

100 g. d'ananas frais
100 g. de mangue
100 g. de papaye
2 dl. de jus d'orange
5 cl. de grenadine
5 cl. de rhum blanc et de Cointreau.

Rassembler tous ces éléments dans un mixer et laisser tourner à grande vitesse jusqu'à obtention du coulis. Passer au chinois et réserver au frais.

TABLE DES RECETTES

Les préparations de base

L'apéritif

LES PUNCHS

LES AMUSE-BOUCHES

LES ACRAS

Les soupes

Les entrées

Les poissons

Les viandes

Les légumes

Les desserts

Dépôt légal 2e trim. 1990 - Imp. n° 1 724

ISBN 2-7372-2414-4

Imprimé en C.E.E.